Ludger Schürmann

Die Entwicklung der Finanzkrise - Chancen und Risiken für strategische Investoren

GRIN Verlag

Bibliografische Information der Deutschen Nationalbibliothek:

Die Deutsche Bibliothek verzeichnet diese Publikation in der Deutschen National-
bibliografie; detaillierte bibliografische Daten sind im Internet über http://dnb.d-
nb.de/ abrufbar.

Impressum:

Copyright © 2009 GRIN Verlag GmbH
Druck und Bindung: Books on Demand GmbH, Norderstedt Germany
ISBN: 978-3-640-43073-4

Dieses Buch bei GRIN:

http://www.grin.com/de/e-book/136050/die-entwicklung-der-finanzkrise-chancen-
und-risiken-fuer-strategische

**Die Entwicklung der Finanzkrise – Chancen und Risiken für
strategische Investoren**

Bachelorarbeit
im Fach
Rechnungswesen und Finanzierung

Vorgelegt dem
Fachbereich Wirtschaft
der Fachhochschule Gelsenkirchen

von

Ludger Schürmann

Sommersemester 2009
6. Studiensemester

INHALTSVERZEICHNIS

ABKÜRZUNGSVERZEICHNIS

Abb.	Abbildung
AIG	American International Group
BaFin	Bundesanstalt für Finanzdienstleistungsaufsicht
BLS	Bureau of Labor Statistics
bspw.	beispielsweise
CDO	Collateralized Debt Obligations
CDS	Credit Default Swap
EZB	Europäische Zentral Bank
F.A.Z.	Frankfurter Allgemeine Zeitung
FED	Federal Reserve Department
FT	Financial Times
FTD	Financial Times Deutschland
GFSR	Global Financial Stability Report
HRE	HypoReal Estate
IAS	International Accounting Standards
IASB	International Accounting Standards Board
IKB	Industrie Kredit Bank
IWF	Internationaler Währungsfonds
MBS	Mortgage Backed Securities
Mrd.	Millarden
NAFTA	North American Free Trade Agreement
Rekap.	Rekapitalisierungsmaßnahme(n)
SoFFin	Sonderfonds Finanzmarktstabilisierung
S&P	Standard and Poors
u.a.	unter anderem
US	United States
USA	United States of America

ABBILDUNGSVERZEICHNIS

1 Einleitung

Vor dem Hintergrund der aktuellen Weltwirtschaftskrise wird in dieser Bachelorarbeit der Frage nachgegangen, welche Chancen und Risiken sich für (strategische) Investoren / Vermögensinhaber in Zukunft bieten. Unter strategischen Investoren werden hier die Inhaber großer Vermögen verstanden, die unter Abwägung von Chancen und Risiken den langfristigen Werterhalt ihres Vermögens mittels geeigneter Strategie anstreben.

Die Arbeit ist so strukturiert, dass in einem ersten Teil, die Entwicklung der Finanzkrise beschrieben wird. Dargestellt wird also zunächst, wie sich die „Subprimekrise zur Finanz- und nun zur Weltwirtschaftskrise" entwickelt hat, um anschließend die Entwicklung und damit den Status Quo (bis zum 22.07.09) der Krise näher zu untersuchen. Dies dient dem Zweck, zukünftige Investitionsrisiken zu identifizieren und eventuelle Chancen für Investoren herauszufiltern, was in dem zweiten Teil der Arbeit u.a. mittels einer Szenarienanalyse untersucht wird. Dabei wird im Wesentlichen das Ziel verfolgt, dem strategischen Investor eine Hilfestellung für die Bewahrung seines Vermögens zu geben, also Aufklärungsarbeit zu leisten und grundsätzliche Anlagemöglichkeiten zu identifizieren, die mit möglichst geringem Risiko auf den Werterhalt des Vermögens abzielen.

2 Entwicklung der Finanzkrise

2.1 Von der Subprime- zur Finanzkrise

Nachfolgend werden zunächst die Ursachen der Finanzkrise erläutert, um dann schrittweise darzustellen, welche Umstände dazu führten, dass sich die Subprimekrise zu einer Finanzkrise ausweiten konnte.

2.1.1 Ursachen der Krise

Die F.A.Z. Redakteure G. Braunberger und B. Fehr haben in Ihrem Ende 2008 erschienenen Buch „Crash - Finanzkrisen gestern und heute" 16 Krisen der Historie - angefangen im 16. Jahrhundert mit den Habsburgern, über die Eisenbahnkrise Mitte des 19. Jahrhunderts, bis hin zur New Economy Blase im 21 Jahrhundert - untersucht und kommen zu dem Schluss, „ (dass) am Beginn jeder Krise (…) eine durch billiges Geld und zügellose Gier ausgelöste Euphorie (steht), die in einem bitteren Zusammenbruch endet." Mit Hilfe dieser Definition lässt sich auch der Ursprung der jetzigen Krise identifizieren.

Nach dem Platzen der „Internetblase" und den kurz darauf folgenden Terroranschlägen in New York am 11.09.2001 verfiel die amerikanische Zentralbank Federal Reserve Department (FED) - unter Leitung von Alan Greenspan - aus Angst vor einer scharfen Rezession in eine aggressive Zinssenkungspolitik, die im Jahre 2003 bei einem Zinssatz von 1% ihren Höhepunkt erreichte. Billiges Geld war also vorhanden und wurde von den US Banken und Kreditkartenunternehmen an Verbraucher und Investoren weitergereicht. Die Verbraucher nutzen nun die billigen Kredite um bestehende Hypotheken umzuschulden, neue Häuser zu erwerben und ihren Konsum zu befriedigen.

Die nachfolgende Abbildung 1 zeigt den Case-Shiller-Hauspreisindex, der die Hauspreisentwicklung der 10 größten Metropolen Amerikas abbildet:

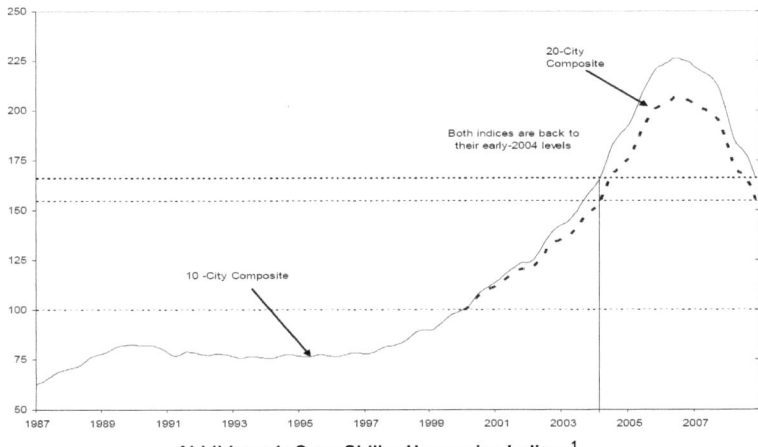

Abbildung 1: Case-Shiller-Homeprice-Indices[1]

Abbildung 2 zeigt die Zinsentwicklung in den USA im Vergleich zum europäischen Leitzins. Es ist ein klarer Zusammenhang zwischen Leitzinsen und Hauspreisentwicklung (vgl. Abb. 1) erkennbar.

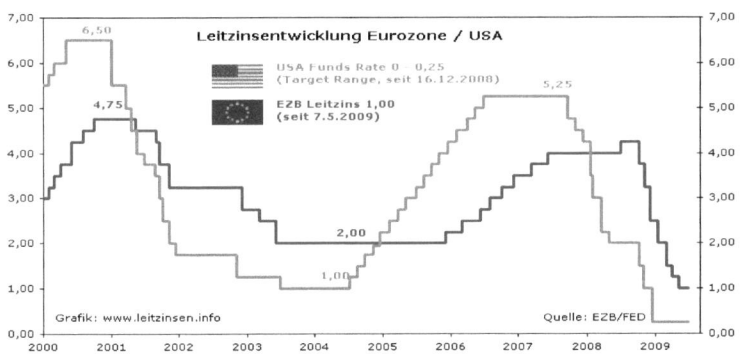

Abbildung 2: Leitzinsentwicklung USA / EU[2]

---

[1] Vgl. http://www2.standardandpoors.com/spf/pdf/index/CSHomePrice_Release_063055.pdf abgerufen am 15.07.09.
[2] Vgl. http://www.leitzinsen.info/ abgerufen am 17.07.09.

Die ausgeprägten Preissteigerungen für Immobilien und die Niedrigzinspolitik der FED waren die Basis für eine kontinuierliche Zunahme von Hypotheken-krediten, die die Hausbesitzer für den allgemeinen Konsum einsetzten, was bis Anfang 2007 für ein enormes Wirtschaftswachstum rund um den Globus sorgte. Aber auch Investoren nutzten die billigen Kredite im großen Stil für Unternehmenskäufe, Rohstoff- und Währungsspekulationen.

Abbildung 1 zeigt aber auch den rapiden Preisabsturz seit 2007. In der Folge waren die Kredite also nicht mehr durch die Häuser gedeckt, was in der Konsequenz bewirkt, dass die Verschuldung der Konsumenten zu einer Überschuldung führt. Folglich werden zur Entschuldung die Häuser verkauft, was den vorher beschriebenen Effekt noch beschleunigt. Weil zuerst die schlechten Kreditnehmer mit eher minderwertigen Häusern betroffen waren und der Zusammenbruch dieses Marktes ein Wertberichtigungspotential von 400 Mrd. US $[3] aufwies, erklärten die Medien dieses Problem zur „Subprime-Krise". Jedoch sollte schnell deutlich werden, dass dies keine auf den Subprime-Markt beschränkte Krise sein würde, sondern sich zu einer globa-len Finanzkrise ausweiten und damit auch auf die Realwirtschaft durchschla-gen würde. Um zu verstehen, wie der Hauspreisverfall in Amerika einen Dominoeffekt auslöste, der letztlich das globale Finanzsystem ins Wanken gebracht hat, ist es unabdinglich, das System der Verbriefungen zu erklären.

---

[3] Vgl. „Leveraged Losses: Lessons from the Mortgage Market Meltdown",
von David Greenlaw (Morgan Stanley), Jan Hatzius (Goldman Sachs), Anil Kashyap (Uni-versity of Chicago, National Bureau of Economic Research and Federal Reserve Bank of Chicago) und Hyun Song Shin (Princeton). Veröffentlicht am 29.02.08 verfügbar unter:
http://www.federalreserve.gov/newsevents/speech/mishkin20080229a.htm, abgerufen am 16.07.09.

2.1.2 Das System der Verbriefungen

Aufgrund bestimmter Bilanzvorschriften, die sich auch in den Basel II Richtlinien wieder finden, müssen Banken eine Eigenkapitalquote von mindestens 8% aufweisen. Die strenge Einhaltung dieser Regel würde also die Kreditvergabe auf ein gewisses Niveau - gemessen an der Bilanzsumme - der jeweiligen Bank deckeln[4]. Nun gibt es aber auch die Möglichkeit, Forderungen zu verbriefen, also den Forderungsanspruch in Form eines Wertpapiers darzustellen. Dies bietet dem Forderungsgeber die Möglichkeit, die Forderung weiterzuverkaufen und damit außerhalb der Bilanz zu führen. Verbriefte Hyphothekenforderungen heißen Mortgage Backed Securities (MBS)[5]. Nun hat der Käufer der Forderung grundsätzlich die Möglichkeit, sich gegen den Forderungsausfall des Schuldners abzusichern. Auch diese Absicherung wird in Form eines Wertpapiers verbrieft, weil sie letztlich im Schadensfall einen Forderungsanspruch gegen den Versicherungsgeber darstellt. Diese „Versicherungswertpapiere" werden Credit Default Swaps (CDS)[6] genannt oder, um es mit den Worten von Warren Buffet zu umschreiben: „Massenvernichtungswaffen"[7].

Dabei ist es durchaus möglich, den gleichen Forderungsausfall mehrfach abzusichern, insbesondere deshalb, weil es keine Regularien dazu gibt, wer die Versicherung begeben darf. Um die Kapitalquote den Basel II Richtlinien anzupassen und somit weitere Kreditgeschäfte tätigen zu können, entledigt sich die Bank nun des Risikos eines schlechten Schuldners, indem sie diese verbrieften Forderungen am Markt verkauft. Dieses Risiko kehrt aber in dem Moment zurück, in dem dieselbe Bank auf die abgegebenen Forderungen einen CDS kreiert.

---

[4] Vgl. Sinn, 2009, S. 152.
[5] Vgl. Münchau, 2008, S. 11.
[6] Vgl. Sommer, 2008, S.172.
[7] "(…) derivates are financial weapons of mass destruction,(…)" Brief an die Aktionäre vom 21.02.03 verfügbar unter: http://www.berkshirehathaway.com/letters/2002pdf.pdf, abgerufen am 12.07.09.

2.1.3 Systematische Ratingmanipulation

Schuldner werden bekanntlich nach ihrer Bonität eingestuft, wobei die besten Schuldner bspw. mit AAA und die schlechtesten Schuldner mit D geratet werden. Im Subprime-Geschäft hat der überwiegende Teil der Schuldner eine sehr schlechte Bonität[8], wofür ja auch das Wort „Subprime (=minderwertig)" steht. Den Gesetzmäßigkeiten der Wahrscheinlichkeits-rechnungen ist es nun aber zu verdanken, dass die Forderungen gegen schlechteste Schuldner in dem Moment, in dem sie massenweise gebündelt und anschließend verbrieft werden, ein hervorragendes AAA Rating bekom-men. Dies funktioniert deshalb, weil man die innere Struktur der verbrieften Forderungen wiederum in drei Tranchen aufteilt. Diese werden in eine Senior-, Mezzanine- und Equitytranche aufgeteilt.

Nun werden nach dem Wasserfallprinzip zuerst die obere Senior-, dann die Mezzanine- und zuletzt die Equitytranche bedient. Aufgrund der Annahme, dass die Seniortranche die geringste Ausfallwahrscheinlichkeit hat, bekommt sie das gleiche Rating wie ihr Emittent. Mathematische Modelle funktionieren zwar in der Theorie, lassen sich aber nicht grundsätzlich unmodifiziert in die reale Welt übertragen. Dies wird dadurch deutlich, dass die Rechenmodelle bspw. das systematische Risiko - hier in Form einer Krise - nicht erfassen konnten. Ein schlechter Schuldner wird in der realen Welt eben nicht einfach durch Verbriefung seiner Schulden zu einem guten Schuldner.

Weil nun aber der Finanzinnovationsprozess an dieser Stelle nicht zu Ende ist, muss darauf hingewiesen werden, dass selbst die schlechtesten Tranchen nach demselben Muster ein AAA Rating bekommen haben. Dies funktionierte, indem das ursprüngliche MBS-Papier einfach mehrfach tranchiert wurde, um es anschließend mit Tranchen anderer Verbriefungen wieder neu zusammenzuführen. Die so geschaffenen „neuen Wertpapiere" heißen Collateralized Debt Obligations (CDO)[9]. Dabei wurde für jede Tranche und jedes neu geschaffene Wertpapier auch wiederum ein CDS

---

[8] Vgl. Sommer, 2008, S. 1.
[9] Vgl. Sinn, 2009, S. 132.

begeben. Nachfolgende Grafik verdeutlicht den Boom des Verbriefungsgeschäftes alleine für die CDO-Papiere:

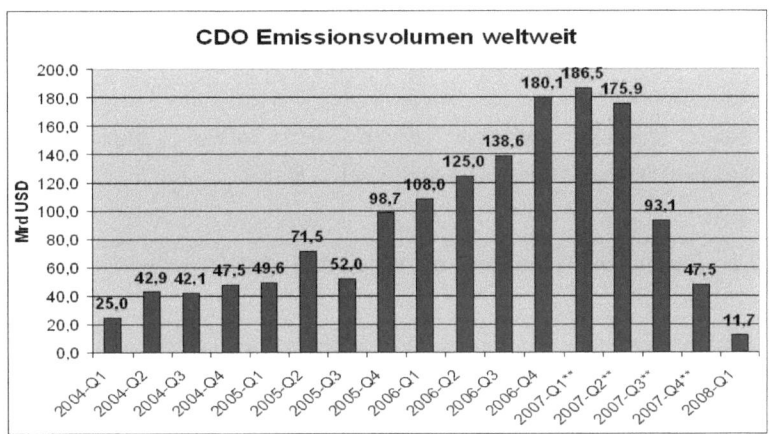

Abbildung 3: CDO Emissionsvolumen weltweit in $ & €, umgerechnet auf US $[10]

Demnach hat sich das CDO-Emissionsvolumen von 2005, verglichen mit dem Jahr 2007, nahezu verdreifacht. Hans Werner Sinn beziffert den Gesamtemissionserlös aller Verbriefungen alleine für die Jahre 2005 - 2008 auf schätzungsweise 7,4 Billionen US $[11]. Es ist also nachzuvollziehen, dass die betroffenen Unternehmen Ihren Abschreibungsbedarf nicht quantifizieren können, weil sie gar nicht mehr nachvollziehen können, welche Schuldner denn nun wirklich dem jeweiligen Wertpapier zugrunde liegen. Dadurch scheint eine realistische Bewertung des Ausfallrisikos unmöglich.

Noch Besorgnis erregender ist allerdings die Tatsache, dass es eine Vielzahl von Betroffenen gibt, die gar nicht ahnen, dass bzw. wie sehr sie betroffen sein werden. Das Desaster um die Industrie Kredit Bank (IKB), bei der quasi „wöchentlich" neuer Abschreibungsbedarf bekannt wurde, gelte hier als bekanntes Beispiel. Selbst nachdem scheinbar der gesamte Abschreibungsbedarf bekannt war und die Bank schließlich an den Finanzinvestor Lone Star

---

[10] Vgl. http://www.weissgarnix.de/2008/05/23/gewinne-machen-schon-aber-womit/ abgerufen am 19.07.09 , Quellenbasis sifma.org.
[11] Vgl. Sinn, 2009, S. 136.

verkauft worden ist, meldete die Bank am 03.07.2009 weiteren Abschreibungsbedarf auf das Portfolio ihrer Zweckgesellschaft. Der Verlust für das
abgelaufene Geschäftsjahr 2008 beträgt demnach 1,38 Mrd. €, wobei die
Wertpapiere, die weiter oben thematisiert worden sind, bei der IKB noch zu
19% ihres Nominalwertes bilanziert werden[12].
Mithin bleibt abzuwarten, ob dies tatsächlich das Ende des Abschreibungs-
bedarfs darstellt. Jedenfalls erhöhte der SoFFin[13] sogleich den
Garantierahmen der Bank von 5 Mrd. € auf 12 Mrd. €.

2.2 Wie sich die Finanzkrise zur Weltwirtschaftskrise entwickelte

Das System der tranchierten Verbriefungen beziehungsweise dessen
Missbrauch, der dazu führte, dass die Ausfallrisiken nicht mehr kalkulierbar
waren, hat die Kapitalmarktakteure veranlasst, sich gegenseitig nicht mehr
zu vertrauen. Dieser Vertrauensverlust erreichte mit der Insolvenz der
Lehman Brothers Bank am 15.09.08 seinen Höhepunkt und der Interbanken-
handel kam fast völlig zum Erliegen[14]. Hierzu äußert sich J. Ackermann in
der Bild am Sonntag (BamS) vom 19.10.08 wie folgt: „(…)Der völlig
unerwartete Zusammenbruch der amerikanischen Investmentbank Lehman
Brothers hat weltweit eine große Vertrauenskrise ausgelöst. Niemand wusste
danach noch, welcher Bank er noch trauen kann(...)"[15].

---

[12] Ad Hoc Mitteilung der IKB vom 3.7.09 verfügbar unter
http://www.ikb.de/content/de/ir/news/ad-hoc-mitteilungen/index.jsp abgerufen am 19.07.09
[13] „Der Sonderfonds Finanzmarktstabilisierung kurz SoFFin soll das Finanzsystem in
Deutschland stabilisieren. Er soll helfen, die gegenwärtigen Liquiditätsengpässe zu über-
winden und die Eigenkapitalbasis von Finanzunternehmen zu stärken." Siehe
http://www.soffin.de/fonds_ziele.php?sub=2 abgerufen am 19.07.09.
[14] Vgl. „Der Mut der verzweifelten Notenbanken" Focus vom 8.10.08 oder „Ende der Finanz-
krise-Wende der Konjunktur" verfügbar unter http://www.finanz-aktuell.com abgerufen am
19.07.09.
[15] Vgl. http://www.deutsche-bank.de/presse/de/content/interviews_4239.htm abgerufen am
15.07.09.

Der massive Anstieg der SWAP-Prämien, die den Risikoaufschlag für die Geldverleihung der Banken untereinander darstellen, gibt die hier beschriebene Situation wieder, wie nachfolgende Grafik zeigt:

Abbildung 4: SWAP Sätze Interbankenmarkt (3 Monate)[16]

Das Funktionieren des Geldmarktes und hier speziell des Interbankenhandels ist eine der wichtigsten Voraussetzungen für eine funktionierende Wirtschaft; stellt dieser doch die Basis für die Refinanzierung für die Gesamtwirtschaft dar. Der Vertrauensverlust, der durch die Insolvenz von Lehman Brothers seinen Höhepunkt erreichte, war rückblickend betrachtet der Übergang von der Finanz- zur Weltwirtschaftskrise. Der Grund liegt darin, dass das Liquiditätsproblem der Banken (die sich, wie beschrieben, kein Geld mehr liehen), zum Refinanzierungsproblem der Unternehmen wurde. Somit konnten neue Investitionen nicht getätigt und bestehende nicht fortgeführt werden. Unternehmen sind dann gezwungen, ihre Organisationsstruktur den veränderten Bedingungen anzupassen, was einhergeht mit dem Abbau von Arbeitsplätzen.

Diese Faktoren lösen in ihrem Zusammenspiel einen Rückgang des Wirtschaftswachstums aus. Die Deutsche Bundesbank spricht in ihrem Monatsbericht vom Juni 2009 davon, dass Deutschland sich bereits in einer „scharfen Rezession" befindet und diese wohl auch 2010 anhalten wird[17].

---

[16] Vgl. http://acemaxx-analytics-dispinar.blogspot.com/2009/03/risikoaufschlage-am-geldmarkt.html abgerufen am 19.07.09 Quellenbasis: Bloomberg.

[17] Vgl. http://www.bundesbank.de/download/volkswirtschaft/mba/2009/200906mba_ per-spektiven.pdf abgerufen am 20.07.09.

Bekanntlich ist Deutschland die größte Volkswirtschaft innerhalb der Europäischen Union, weswegen die nachfolgende Grafik von der Tendenz her stellvertretend für die anderen Euroländer gelten soll:

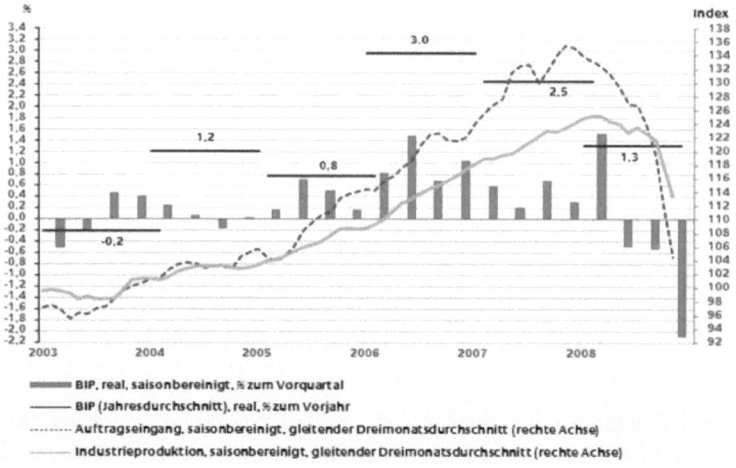

Abbildung 5: BIP-Wachstum sowie Produktions- & Auftragseingang in der deutschen Industrie[18]

Es ist klar zu erkennen, dass das BIP regelrecht eingebrochen ist. Die Situation in Deutschland ähnelt der Situation anderer Volkswirtschaften, wie folgende Grafik des Internationalen Währungsfonds (IWF) zeigt:

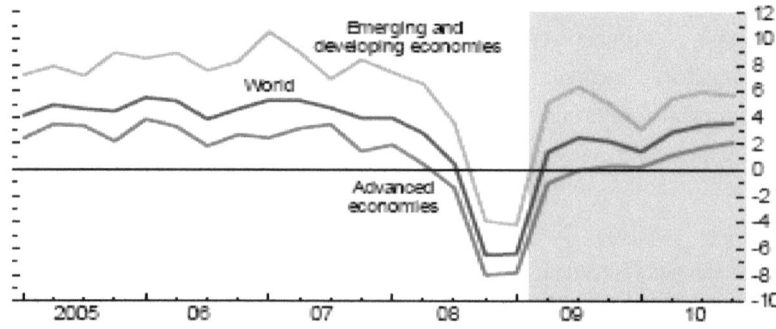

Abbildung 6: Globales BIP Wachstum (grau unterlegt Prognose des IWF vom 8.7.09)[19]

---

[18] Quelle: Bundesfinanzministerium, Monatsbericht Februar 09.
[19] Vgl. http://www.imf.org/external/pubs/ft/weo/2009/update/02/pdf/0709.pdf abgerufen am 19.07.09.

Zusammenfassend lässt sich feststellen, dass die Niedrigzinspolitik der FED eine Immobilienpreisblase in den USA begünstigte. Gleichzeitig wurden verschiedenste Arten von Forderungen gegen gute und schlechte Schuldner verbrieft und von amerikanischen Investmentbanken in die ganze Welt verkauft. Darüber hinaus wurden diese verbrieften Forderungen durch handelbare Absicherungsgeschäfte versichert. Diese Verbriefungsgeschäfte erzeugten eine Spekulationsblase, deren Platzen unter anderem durch den Zinsanstieg in den USA (vgl. Abb. 2) verursacht wurde. Die Intransparenz dieser Geschäfte/ Produkte erschwerte deren Risikobewertung und damit die Kalkulierung des damit verbundenen Wertberichtigungsbedarfs. Dies wiederum löste Misstrauen unter den Geschäftspartnern aus, welches mit der Insolvenz der Lehman Brothers Bank seinen Höhepunkt erreichte. Die anfängliche Subprime-Krise, die sich nach kurzer Zeit zur Finanzkrise entwickelte, wurde nun zu einer Weltwirtschaftskrise und rund um den Globus kämpfen die Volkswirtschaften gegen einen Rückgang ihres Wirtschaftswachstums an (vgl. Abbildung 6).

2.3 Möglicher Kollaps im Finanzsystem

Im Folgenden soll versucht werden, die Entwicklung der Krise genauer zu quantifizieren, um daraus Schlüsse für die zukünftige Stabilität des globalen Finanzsystems zu ziehen.

Der IWF äußert sich wie folgt: "The GFSR estimates that expected write-downs on U.S.-based assets suffered by all financial institutions over 2007-10 will amount to $2.7 trillion (up from the estimate of $2.2 trillion in January 2009). Total expected write-downs on global exposures are estimated at $4 trillion, of which about two thirds will fall on banks, with the remainder distributed among insurance companies, pension funds, hedge funds, and other intermediaries(...)."[20]

---

[20] Vgl. http://www.imf.org/external/pubs/ft/weo/2009/01/pdf/text.pdf abgerufen am 31.07.09.

Und „Zumindest Klaus Schwab, Organisator des Weltwirtschaftsforums in Davos, glaubt, die Turbulenzen auf den Finanzmärkten könnten fünf Billionen Dollar (3,9 Billionen Euro) kosten".[21] Wie man dem jeweiligen Global Financial Stability Report (GFRS) des IWF vom 23.08.07, 8.04.08 und 28.01.09 entnehmen kann, wurde also die Verlustprognose von 200 Mrd. US $ auf nun 4 Billionen US $ erhöht. Da der IWF sich damit bereits zum vierten Mal korrigiert hat, ist die Wahrscheinlichkeit groß, dass die von Klaus Schwab genannten 5 Billionen US $ näher an der Realität liegen, als die 4 Billionen US $ Schätzung des IWF.

Dennoch wird im Folgenden ein Gesamtwertberichtigungsbedarf von 4 Billionen US $ unterstellt. Die Schätzungen des IWF werden ergänzt um die bisher angefallenen Wertberichtigungen. Bloomberg listet die tatsächlich veröffentlichten Abschreibungen der weltweiten Finanzinstitute auf Verbriefungsinstrumente (CDO, MBS, CDS etc.), Unternehmenskredite, Kredite an Banken, Bankschuldverschreibungen und Aktienportfolios auf. Die nachfolgende Grafik bezieht sich auf die von Bloomberg bereitgestellten Daten und erfasst dabei den Zeitraum vom 30.06.07 bis 30.06.09:

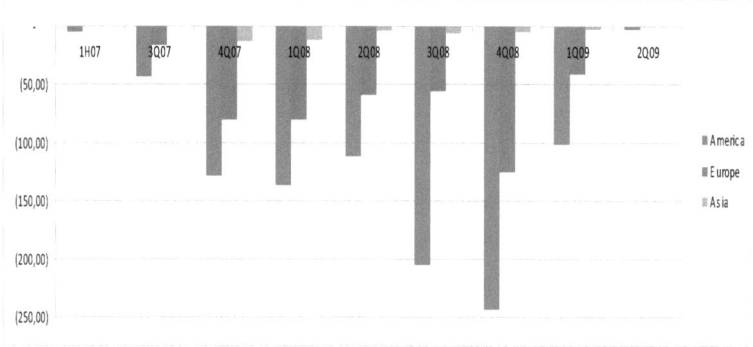

Abbildung 7: Veröffentlichte Abschreibungen der Finanzinstitute[22]

---

[21] Artikel: Kosten der Finanzkrise, Süddeutsche Zeitung vom 28.11.08.
[22] Eigene Darstellung, Quelle: Bloomberg-Liste abgerufen am 20.07.09.

In der Summe belaufen sich die Abschreibungen für Amerika auf 975,3 Mrd. US $, für den europäischen Kontinent auf 454,6 Mrd. US $ und für Asien auf 38,2 Mrd. US $. Die bisherigen Verluste betragen also insgesamt 1,468 Billionen US $. Erwartungsgemäß entfällt der größte Anteil (66,43%) dabei auf Amerika und nur ein vergleichsweise kleiner Teil von 2,6% auf Asien. Es scheint also so zu sein, dass die Währungsreserven von China und anderen asiatischen Ländern hauptsächlich in Staatsanleihen angelegt wurden, die bekanntlich von der Krise verschont wurden. Jedenfalls wird aus diesen Daten nicht ersichtlich, dass die asiatischen Länder nennenswert im Verbriefungsgeschäft aktiv waren oder anderweitigen Abschreibungsbedarf wegen der Finanzkrise hätten.

Die nächste Grafik zeigt die bisher erfolgten Rekapitalisierungsmaßnahmen der Finanzinstitute im oben genannten Zeitraum:

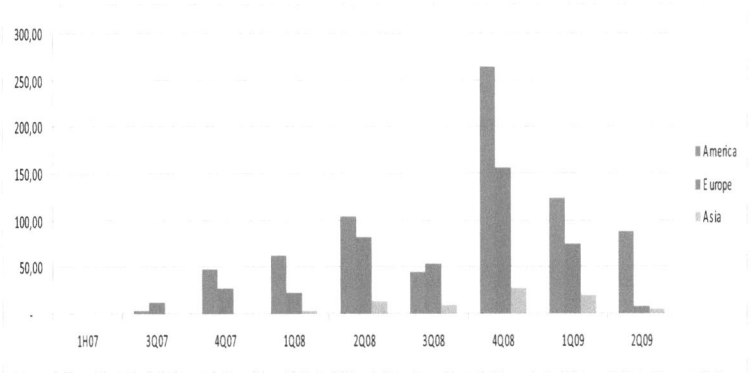

Abbildung 8: Rekapitalisierungsmaßnahmen der Finanzinstitute[23]

Abb. 8 verdeutlicht, dass die amerikanischen Finanzinstitute erst 75% der Verluste durch neues Eigenkapital ausgeglichen haben, während dieser Wert für Europa bei 95% und für Asien sogar bei 106% liegt.

---

[23] Eigene Darstellung, Quelle: Bloomberg-Liste abgerufen am 20.07.09.

Kumuliert stellt sich dies wie folgt dar:

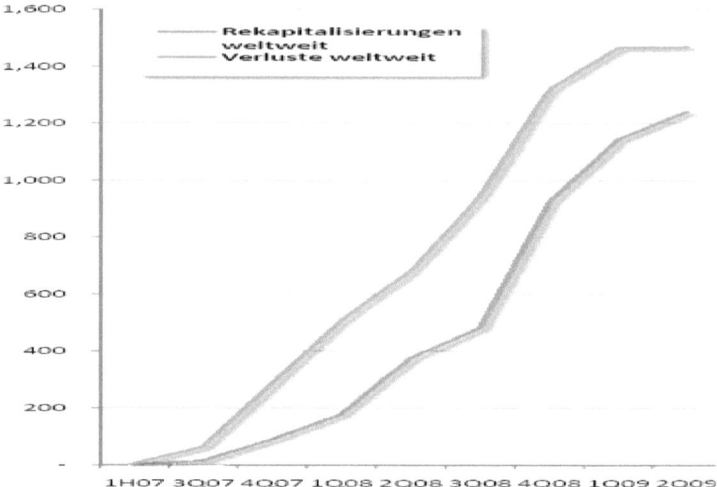

Abbildung 9: Bisherige Verluste gegenüber bisherigen Kapitalmaßnahmen der Finanzinstitute im Zeitraum 30.06.07 - 30.06.09[24]

Abbildung 9 zeigt, dass zwischen den bisher realisierten Abschreibungen und den bisher vorgenommenen Rekapitalisierungsmaßnahmen eine Lücke klafft.

Nach Schätzungen des IWF werden sich die gesamten Verluste für Amerika auf 2,7 Billionen US $ bis Ende 2010 belaufen[25]. Subtrahiert man also die bisher veröffentlichten Verluste von 975,3 Mrd. US $, dann stehen noch zu realisierende Verluste von 1,725 Billionen Dollar aus. Demnach würden die bisherigen Rekapitalisierungsmaßnahmen bei 27,25% liegen. Das bilanzielle Eigenkapital aller US Banken gibt die FED zum 30.06.09 mit ungefähr 1,2 Billionen US $ an[26]. Der vom IWF prognostizierte Verlust von 1,725 Billionen US $ würde also für den Fall, dass weitere Rekapitalisierungsmaßnahmen ausbleiben, dazu führen, dass das Bankensystem in Amerika pleite[27] wäre.

---

[24] Eigene Darstellung, Quelle: Bloomberg-Liste abgerufen am 20.07.09.
[25] Vgl. Global Financial Stability Report vom 8.4.09, S. xii.
[26] Vgl. http://federalreserve.gov/releases/h8/current/default.htm abgerufen am 21.07.09.
[27] Anmerkung: „pleite" ist der von Sinn verwendete Begriff.

Selbst wenn es den Amerikanern gelingt, weiteres Eigenkapital zu generieren, bleibt offen, ob dieses ausreichen würde, um überhaupt eine positive Eigenkapitalquote zu erreichen. Denn unter den hier errechneten Beispielen wären dazu mindestens 1,965 Billionen US $[28] nötig. Für Europa hat der IWF zum Zeitpunkt des Verfassens dieser Arbeit keine detaillierten Verlustprognosen abgegeben. Jedoch war in der Frankfurter Allgemeinen Zeitung vom 22.04.09 zu lesen:

„Die Bundesanstalt für Finanzdienstleistungsaufsicht nimmt an, dass auf den 17 wichtigsten Bankbilanzen faule Wertpapiere in Höhe von 853 Milliarden Euro lasten."[29]

Für Europa, geschweige denn für Deutschland gibt es bisher nur prozentuale Eigenkapitalbeschreibungen, jedoch keine absoluten Werte. Nimmt man aber die aktuellen Eigenkapitalsummen der Deutschen Bank von ca. 34 Mrd. €[30] und die der Commerzbank von 28,7 Mrd. €[31] und errechnet daraus den Durchschnitt von ungefähr 31 Mrd. € und überträgt diesen dann auf alle 17 Institute, so stünde dem von der BaFin erwarteten Verlust von 853 Mrd. € ein Eigenkapital von lediglich 527 Mrd. € gegenüber[32]. So gesehen wäre dann auch das deutsche Bankensystem pleite und es ist nur schwer vorstellbar, dass es den übrigen Euro-Ländern anders ergehen sollte.

Die in diesem Abschnitt herausgearbeiteten Erkenntnisse, die sich im Wesentlichen auf die Daten der Bloomberg-Liste und die Schätzungen des IWF stützen, könnten in ihrer Konsequenz bedeuten, dass die Welt sich erst am Anfang einer großen Krise befindet und innerhalb der aktuellen Weltwirtschaftskrise noch eine weitere Bankenkrise auf uns zukommt.

---

[28] Errechnet sich aus 2,7 Billionen Verlustprognose -735 Mrd. Rekap.maßnahme

[29] Vgl. Artikel: Banken ohne Zukunft, H.Stetzner F.A.Z. vom 22.04.09.

[30] Vgl. http://www.deutsche-bank.de/ir/de/download/Zwischenbericht_1Q2009.pdf abgerufen am 21.07.09

[31] Vgl. https://www.commerzbank.de/de/hauptnavigation/aktionaere/zahlen_fakten/e_b_kap. html, zu den hier veröffentlichten 18,7 Mrd. kommen noch 1,8 Mrd der BRD + 8,2 Mrd durch SoFFin, abgerufen am 21.07.09.

[32] Diese Zahlen sind nicht belastbar, ermöglichen aber aufgrund der Bedeutung von Commerzbank und Deutsche Bank für das deutsche Finanzsystem eine gewisse Vorstellung für die zu verdeutlichende Problematik.

2.4 Kreditklemme für Unternehmen

Wie bereits dargelegt, schwindet das Eigenkapital der Banken aufgrund hoher Verluste, die zum größten Teil auf Abschreibungen beruhen. Dadurch sinkt also grundsätzlich die Eigenkapitalquote, was unter Berücksichtigung der Basel II Anforderungen bewirkt, dass das Kreditneugeschäft abnehmen muss. Zwar haben bereits viele Banken neues Eigenkapital erhalten, aber dies konnte die bisherigen Verluste nicht kompensieren, was insbesondere ja auch in Abb. 9 bereits verdeutlicht wurde.

Die Situation ist also die, dass Kredite nicht mehr in dem bisherigen Maße gewährt werden können oder aber nicht mehr gewährt werden wollen. Das „nicht wollen" erklärt sich dadurch, dass eine gewisse Risikoaversion eingetreten ist. Hierzu schreibt bspw. die Deutsche Bank in ihrem Quartalsbericht vom 30.10.08: „Wir haben das Ziel (...), unsere Bilanz zu verkürzen und dadurch die Quote des als Anteil an der Bilanzsumme gemessenen Eigenkapitals (sogenannte Leverage Ratio) zu verbessern."[33] Das von der Deutschen Bank ausgegebene Ziel nennt man auch Develeraging, was bedeutet, dass der Anteil an Fremdkapital zurückgeführt wird, wodurch sich die Bilanzsumme insgesamt verringert. Ob nun „gewollt oder ungewollt" spielt letztlich keine Rolle, de facto tritt eine restriktivere Kreditvergabe ein, die unter Umständen zu einer Kreditklemme führt. Hierzu äußert sich auch der Bundesverband der Industrie in seinem Konjunkturreport vom 22.07.09: „Zwar gibt es gegenwärtig noch keine flächendeckende Kreditklemme, die Anzeichen hierfür mehren sich aber."[34]

Die Financial Times Deutschland hingegen meint, dass die Unternehmen außerhalb der Finanzbranche schon längst von der Kreditklemme betroffen sind. Sie hat die Daten der Bundesbank analysiert und daraus folgende Grafik entwickelt:

---

[33] Vgl. http://www.deutschebank.de/presse/de/content/presse_informationen_2008_4154. htm? month=3 abgerufen am 18.07.09.
[34] Vgl. http://www.bdi.eu/2097_4817.htm abgerufen am 22.07.09.

Kredite der Banken in Deutschland an inländische Unternehmen
und Selbstständige*, Veränderung zum Vorquartal in Mrd. €

Abbildung 10: Kreditklemme[35]

Abbildung 10 verdeutlicht, dass die Kredite im ersten Quartal 2009 um insgesamt 2,7 Mrd. € zurückgegangen sind. Als Konsequenz aus der restriktiven
Kreditvergabe der Banken sind die Unternehmen nun gezwungen, sich direkt
am Kapitalmarkt zu verschulden, weshalb das Anleiheemissionsvolumen im
Vergleich zu 2008 auch gestiegen ist, wie folgende   Grafik zeigt:

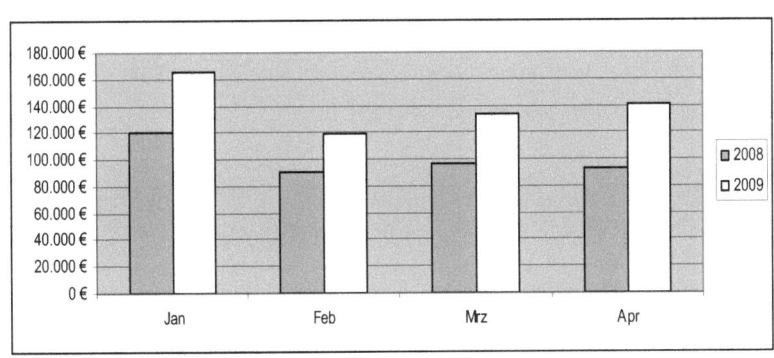

Abbildung 11: Emissionsvolumen festverzinslicher Wertpapiere
deutscher Emittenten[36]

Da nicht jedes Unternehmen Zugang zum Kapitalmarkt hat, was
insbesondere kleinere und mittlere Unternehmen betrifft, dürfte auch die
Kreditklemme ein weiteres Indiz für eine Verschärfung der Rezession sein.

---

[35] Vgl. http://www.ftd.de/unternehmen/finanzdienstleister/:Beweis-durch-Bundesbankdaten-
Banken-vertuschen-Kreditklemme/541227.html abgerufen am 22.07.09.
[36] Eigene Darstellung Quelle: Deutsche Bundesbank abgerufen am 25.07.09.

2.5 Bisherige Lösungsansätze zur Stabilisierung des Finanzsystems

Wie bereits dargelegt, erlitt das globale Finanzsystem nach der Insolvenz von Lehman Brothers einen Schock. Die Wertpapierkurse brachen rund um den Globus ein. Nicht alle Wertpapiere werden an Börsen gehandelt, sondern auf einem Sekundärmarkt, bspw. zwischen Banken, wie dies der Fall für CDO´s etc ist. Aufgrund des bereits beschriebenen Misstrauens kam der Handel in vielen Wertpapieren zum Erliegen. Abb. 3 zeigt dies beispielhaft für den CDO Markt.

Aufgrund bestimmter Bilanzregeln - insbesondere des IAS 39 - sind Banken gezwungen, diese Wertpapiere zum Fair Value/"market-to-market" zu bilanzieren. Wenn nun aber kein Marktpreis mehr festgestellt werden kann, weil es quasi den „Markt" nicht mehr gibt, ist es gerade bei den hier genannten Wertpapieren im Prinzip unmöglich, einen bilanziellen Wert zu ermitteln. Die EU-Kommission hat den IASB deshalb aufgefordert, den Banken zu erlauben, bestimmte Wertpapiere rückwirkend zum 30.9.08 zu Anschaffungskosten bilanzieren zu dürfen[37]. Dadurch wurden weitere Abschreibungen vermieden, was zumindest von dieser Seite her eine gewisse Stabilität für das System bedeutet.

Gleichzeitig gründete die Bundesregierung den Sonderfonds Finanzmarkt-stabilisierung (SoFFin), der den von der Finanzkrise betroffenen deutschen Unternehmen Bürgschaften oder auch Eigenkapitalzuschüsse bietet. Am 10.07.09 wurde folgende Pressemitteilung veröffentlicht: „Das um Prolonga-tionen bereinigte Antragsvolumen auf Stabilisierungshilfen des Sonderfonds beträgt Stand 9. Juli 2009 232 Mrd. €. Vom Antragsvolumen sind 167,5 Mrd. € bereits bewilligt worden, wovon 143 Mrd. € auf die Gewährung von Garan-tien entfallen und 24,5 Mrd. € auf die Vergabe von Eigenkapital. Dem Son-derfonds liegen darüber hinaus 17 Voranfragen vor. 23 Unternehmen haben bislang Anträge gestellt."

---

[37] Vgl. http://europa.eu/rapid/pressReleasesAction.do?reference=IP/08/1636&format=
HTML&aged=0&language=DE&guiLanguage=en, abgerufen am 22.07.09.

- 19 -

Wie im vorangegangenen Abschnitt erwähnt, zahlte der SoFFin allein für die Commerzbankbeteiligung 18,2 Mrd. €, 525 Millionen € an die Aareal Bank und die HypoReal Estate hat mindestens 3 Mrd. € erhalten[38]. Die restlichen ca. 3 Mrd. € verteilen sich auf andere Unternehmen. Somit darf an der nachhaltigen Wirkung dieser Eigenkapitalzuschüsse, im Vergleich zu den Zahlen, die sich aus den in Abschnitt 2.3 dargestellten IWF Schätzungen ergeben, gezweifelt werden.

Darüber hinaus ist seit dem 22.07.09 das so genannte Gesetz zum „Bad Bank Modell" in Kraft getreten, wonach deutsche Banken nun die Möglichkeit haben, toxische Wertpapiere zu Anschaffungskosten - gegen Zahlung einer Gebühr - an Zweckgesellschaften des Bundes auszulagern[39]. Die amerikanische Regierung hat bereits 1,7 Billionen Dollar[40] zur Bewältigung der Krise bereitgestellt, wobei in der Summe allerdings auch Konjunkturprogramme enthalten sind. Anders als in Deutschland haben die USA aber größtenteils auf Bürgschaften verzichtet und ihre Banken direkt rekapitalisiert oder, wie im Falle von Fannie Mae und Freddie Mac, verstaatlicht.

In den letzten Wochen war allerdings zu beobachten, dass einige Banken verstärkt ihre staatlichen Hilfen zurückbezahlt haben[41]. Die EZB hat am 4.7.09 mit dem Kauf besicherter europäischer Anleihen, wie z.B. Pfandbriefen, begonnen[42]. Das Programm erstreckt sich über ein Jahr und umfasst 60 Mrd. €. Seit Ausbruch der Krise wurden zudem die Leitzinsen für alle wichtigen Volkswirtschaften gesenkt, wie Abb. 2 am Beispiel der FED und der EZB zeigt.

---

[38] Alle Daten verfügbar unter http://www.soffin.de/presse_archiv.php?sub=5 abgerufen am 22.07.09.
[39] Vgl. http://www.bundesfinanzministerium.de/nn_54/DE/Wirtschaft__und__Verwaltung/ Finanz__und__Wirtschaftspolitik/030709__Badbanks.html?__nnn=true zur Funktionsweise des Modells dient folgender Link: http://www.handelsblatt.com/_b=2275388,_p=0,_t=spclips,img=2325084,l=1,pic_height=58 1,pic_width=1109;showpic jeweils abgerufen am 23.07.09.
[40] Vgl. Sinn, 2009, S. 224.
[41] Vgl. http://www.zeit.de/online/2009/26/us-banken-staatshilfen-rueckgabe abgerufen am 22.07.09.
[42] Vgl. http://www.ecb.int/press/pr/date/2009/html/pr090604_1.en.html abgerufen am 22.07.09.

Die G 20 beschlossen auf ihren Gipfeltreffen im April 2009 in London, die Mittel für den IWF mit dem Ziel aufzustocken, die Weltwirtschaft mit 5 Billionen US $ zu stimulieren[43].

Zusammenfassend lässt sich sagen, dass rund um den Globus daran gearbeitet wird, die Krise mit verschiedensten Mitteln in den Griff zu bekommen. Im Wesentlichen geht es hierbei um direkte Eigenkapitalzuschüsse für Finanzinstitute, was im Falle der AIG oder HRE auch die Verstaatlichung der betroffenen Unternehmen zur Folge haben kann. Weiterhin sollen Bürgschaften und Kredite für die gesamte Industrie sowie Konjunkturprogramme - die im Wesentlichen Infrastrukturprojekte beinhalten - für eine weitere Stabilisierung sorgen. Im zweiten Teil der Arbeit, in dem es um Chancen und Risiken für Investoren geht, werden die oben beschriebenen Hilfsmaßnahmen dann noch einmal näher untersucht und bewertet.

---

[43] Vgl. http://www.spiegel.de/wirtschaft/0,1518,617151,00.html abgerufen am 23.07.09.

3   Chancen und Risiken für strategische Investoren

3.1   Chancen und Risiken im Deflationsszenario

Um dem Vermögensinhaber die Chancen und Risiken in einer Situation, die von Deflation geprägt ist, zu verdeutlichen, wird zunächst erläutert, was unter Deflation überhaupt zu verstehen ist.

Deflation ist das Gegenteil von Inflation[44], sie wird unter anderem ausgelöst, wenn dem Wirtschaftskreislauf z.b. durch das Horten von Geld Liquidität entzogen wird, was einhergeht mit einem Nachfrageeinbruch nach Gütern aller Art. In Erwartung sinkender Preise halten sich die Konsumenten mit Investitionen zurück. Dadurch steigen Unternehmensinsolvenzen stark an und   Kredite werden in der Folge nicht zurückbezahlt - es entsteht quasi ein Teufelskreis. Weitere -eigentlich gesunde- Unternehmen werden dann in Mitleidenschaft gezogen, die Arbeitslosigkeit steigt an und durch das Sinken der Güterpreise sinkt auch der Preis für die Ware Arbeit. Dies wiederum bedeutet unter Umständen, dass trotz Vollzeitbeschäftigung nicht genug Geld zum „Leben" bleibt, und der Konsum sinkt. Dieser Teufelskreis - sofern er nicht irgendwie unterbrochen wird - kann katastrophale Züge annehmen. So reagierten deutsche Regierungen in der ersten Hälfte des 20. Jahrhunderts z.B. mit Währungsreformen auf die Deflations- bzw. Inflationskrisen. Grundsätzlich gilt, dass in einer Deflation Realwerte gegenüber Nominal- bzw. Geldwerten verlieren. Zu den Realwerten gehören bspw. Aktien, Immobilien, Konsumgüter oder auch Kunstgegenstände. Zu den Geldwerten gehören Schuldverschreibungen und Geld. Vereinfacht gesagt bedeutet Deflation also, dass die Preise sinken und Geld damit mehr „wert" wird.

Dies wiederum hat zur Folge, dass in einer Deflation Schulden grundsätzlich größer werden. Deshalb sollten in einem Deflationsszenario Schulden vermieden werden, sie stellen unter Umständen ein zu großes Risiko dar.

---

[44] Anmerkung: Inflation wird im nächsten Abschnitt erläutert.

Da die Staaten dieser Welt - insbesondere die USA - die größten Schuldner darstellen, steigt mit einer länger andauernden Deflation auch die Gefahr einer Währungsreform (bzw. Staatsbankrott). Denn mittels einer Währungsreform oder Staatsbankrott kann sich der Staat seiner eigenen Schulden unter Umständen entledigen. Sich dieses Risikos grundsätzlich bewusst zu sein, ist insbesondere dann von Bedeutung, wenn der Investor in Erwägung zieht, dem Staat Geld zu leihen, wie weiter unten noch ausgeführt wird. Gleiches gilt natürlich auch auf Unternehmensebene. Hoch verschuldete Unternehmen sind in einer Deflationsphase von der Insolvenzgefahr bedroht, weswegen sie ein sehr hohes Risiko für Investoren darstellen. Natürlich wird es auch in diesem Zusammenhang außerordentliche Chancen geben. Diese ergeben sich aus dem Umstand, dass Wettbewerber ihre in Schieflage geratenen Konkurrenten möglicherweise aufkaufen. Solche Chancen sind aber im höchsten Maß spekulativ und für den risikoaversen Investor eher ungeeignet.

Ob sich die Wirtschaft in einer Phase der Deflation oder Inflation befindet, ist mitunter nicht immer einfach zu erkennen. Oftmals sind es singuläre Sektoren, die von dem jeweiligen Szenario betroffen sind und nicht die gesamte Wirtschaft. Dementsprechend ist auch nicht jeder Konsument gleichermaßen betroffen, sondern immer nur in dem Umfang, wie sich seine Lebensart in dem jeweiligen Szenario widerspiegelt. Wenn also bspw. die Fleischindustrie über deflationäre Entwicklungen klagt, weil sie ihre Produkte nur mit erheblichen Preisnachlässen absetzen kann, so ist dies zunächst einmal ein Vorteil für die Abnehmer von Fleischprodukten, weil sie weniger bezahlen müssen. Jedoch wird der Konsument, der sich ausschließlich vegetarisch ernährt, von diesen Preisnachlässen nicht viel merken, weil es ihn nicht betrifft. Daher gilt, dass es in jeder Krise auch immer außerordentliche Chancen gibt, denn wo der eine verliert, gewinnt oftmals ein anderer. Die aussichtsreichste Strategie in einer Deflationsphase ist demnach, handlungsfähig zu bleiben, um eben außerordentliche Chancen wahrnehmen zu können. In einer Deflationsphase bedeutet Handlungsfähigkeit, über genügend Geld zu verfügen.

- 23 -

Im ersten Teil dieser Arbeit wurde an mehreren Stellen herausgearbeitet, dass sich das Weltwirtschaftswachstum bereits massiv abgeschwächt hat und zumindest Amerika und Europa bereits in der Rezession stecken. Dem Nachfragerückgang der Konsumenten setzen die Unternehmen Preissenkungen und Rabatte entgegen. Darüber hinaus werden Kostensenkungsprogramme entwickelt, deren Hauptbestandteil oftmals der Abbau von Arbeitsplätzen ist[45]. Hierauf hat die Bundesregierung bereits mit der Verlängerung der Kurzarbeit von 12 auf 18 und nun auf 24 Monate reagiert[46]. Dem oftmals in der Presse dargestellten Argument, die Regierungen und die Notenbanken pumpten zu viel Geld in den Markt, was Inflation heraufbeschwöre, ist entgegen zu halten, dass die Banken ihrerseits - wie in Abschnitt 2.4 dargelegt - die Geldmenge aufgrund der restriktiveren Kreditvergabe einschränken.

Wie nachfolgende Grafik verdeutlicht, sinkt das Geldmengenwachstum seit 2008 trotz aller Bemühungen von Notenbanken und Regierungen - hier beispielhaft für den Euro-Raum dargestellt:

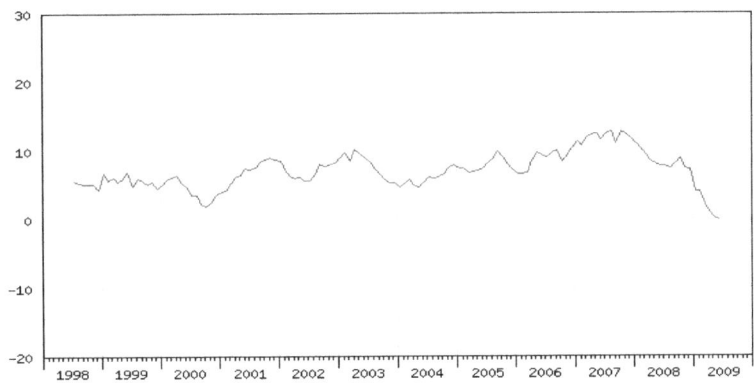

Abbildung 12: Geldmengenwachstum M3 im Euro-Währungsgebiet, Jahresrate über 6 Monate gerechnet (saisonbereinigt)[47]

---

[45] Vgl. http://www.welt.de/wirtschaft/article4145289/Jedes-vierte-Unternehmen-will-Stellen-streichen.html, abgerufen am 30.07.09.
[46] Vgl. http://www.bundesregierung.de/nn_774/Content/DE/Artikel/2009/04/2009-04-30-Kurzarbeitergeld-verbessert.html abgerufen am 30.07.09
[47] Vgl. http://www.bundesbank.de/statistik/statistik_zeitreihen.php?open=ewu&func=row&tr=AZ4949&showGraph=1 abgerufen am 6.8.09.

Diese Faktoren sind typische Anzeichen für eine Deflation, weswegen die Deflationsgefahr momentan weitaus realistischer und akuter ist, als die Gefahr von Inflation. In der Deflation gilt „cash is king", denn durch die Abwertung der Vermögenswerte werden sich außerordentlich günstige Investitionsmöglichkeiten ergeben, weshalb zum richtigen Zeitpunkt unbedingt Liquidität vorhanden sein muss, um eben diese Chancen wahrnehmen zu können. Um sein Vermögen in einer Deflationsphase zu bewahren und jederzeit verfügbar zu haben, sollte der strategische Investor deshalb einen Teil des Vermögens in bar, also auf Tagesgeldkonten etc. und den anderen Teil in Geldwerten, also z.B. Anleihen, vorhalten. Dabei gilt es aber, besondere Vorsicht walten zu lassen.

Bei der Verleihung von Geld - und schließlich ist der Kauf einer Anleihe nichts anderes - sollte das Primärziel des Gläubigers nicht die Rendite in Form des Zinses oder Kursanstiegs, sondern die Rückzahlung der Schuld durch den Schuldner zum vereinbarten Rückzahlungszeitpunkt sein. Die Rendite, also die Gebühr für das Verleihen, ist zwar ein nicht unerheblicher Nebeneffekt, ist aber zunächst von sekundärer Bedeutung. Die Suche nach einem erstklassigen Schuldner geht also einher mit der Frage, wer zukünftig aus eigener Kraft genügend Liquidität generieren wird, um seine Schulden begleichen zu können. Hier erscheint der Staat als hervorragender Schuldner, weil er zum einen über Steuereinnahmen verfügt und deren Höhe beeinflussen kann und weil er zum anderen über das Monopol der Geldschaffung, also des Gelddruckes verfügt. Darüber hinaus kann er sich bis zu einem gewissen Grad neu verschulden und so seine Altschulden abbezahlen.

Somit wäre der Staat scheinbar der beste Schuldner, was im Prinzip auch die vorherrschende Meinung der einschlägigen Literatur widerspiegelt. Dass dies allerdings so nicht richtig ist, zeigt ein Blick in die Vergangenheit. So hat bspw. der deutsche Staat - wie weiter oben bereits erwähnt - seine Gläubiger in der Vergangenheit mittels Währungsreform „enteignet"[48]. Wenngleich die jetzige Situation, also die europäische Währungsunion, nicht ohne weiteres

---

[48] Vgl. Otte, 2009, S.145.

mit der Situation zu Beginn und Mitte des 20. Jahrhunderts zu vergleichen ist, sollte sich jeder Käufer von Staatsanleihen des Risikos einer Währungsreform bewusst sein und daher genau auf die Laufzeit der Anleihen achten. Das Risiko von Staatsbankrotten ist gerade in den letzten Monaten stark angestiegen, weshalb die G 20 im April diesen Jahres die Mittel für den IWF auch aufgestockt haben, um bedrohten Ländern, wie z.B. Island, Ungarn oder Rumänien helfen zu können. Auch sei daran erinnert, dass Russland nach der Jelzin Ära pleite war, ebenso ist die letzte Argentinien-Pleite keine 10 Jahre her.

Da Unternehmensschulden in der Vergangenheit bei Währungsreformen nicht abgewertet wurden und zudem meist besser rentieren als Staatsanleihen, erscheinen sie -ceteris paribus- als bessere Alternative. Die Auswahl einer geeigneten Unternehmensanleihe hängt also vom Risiko des Emittenten ab und dieses Risiko sollte dem Risiko einer risikoarmen Staatsanleihe, was momentan bspw. Bundesanleihen wären, ähneln. Das Risiko eines Emittenten wird von Ratingagenturen bestimmt. Wie weiter unten ausgeführt werden wird, ist es aber für den strategischen Investor nicht zweckdienlich, in der jetzigen Situation seine Investition von dem Rating des Emittenten abhängig zu machen. Die Strategie besteht ja eben darin, eine nicht für alle Marktteilnehmer ersichtliche Chance zu identifizieren. Das populärste Anleiheninvestitionskriterium, also die Ratingeinstufung, ist deshalb nicht von entscheidender Bedeutung.

Da es eine Vielzahl von Unternehmen gibt, an denen der Staat direkt beteiligt ist oder an deren Fortbestehen der Staat unter allen Umständen festhalten wird, kann der strategische Investor davon ausgehen, dass Anleihen solcher Unternehmen ebenso sicher sind, wie die des dahinter stehenden Staates selber. Zur ersten Kategorie der Direktbeteiligungen gehört vor allem der Telekommunikations- und Vorsorgungssektor. Um konkreter zu werden, wären dies in Europa bspw. Deutsche Telekom oder Electricité de France. Zur zweiten Kategorie, zu denen Unternehmen zählen, die der Staat immer schützen wird bzw. niemals pleite gehen lassen kann, auch ohne dass er an ihnen direkt beteiligt ist, gehören - über die erste Kategorie hinaus- in jedem

Fall die Rüstungsindustrie, also bspw. Rheinmetall. Anleihen dieser Unternehmen sind als Alternative zu Staatsanleihen in Betracht zu ziehen und bieten verhältnismäßig hohe Renditen.

Nachfolgende Tabelle listet dabei einige aktuelle Beispiele auf:

Unternehmen	Emission	Volumen in Mio. €	Laufzeit	S&P Rating	Fester Kupon
EnBW	Jul. 09	750	Jul. 15	A	4,125
Dt. Telekom	Jun. 09	500	Jun. 14	BBB+	4,375
ThyssenKrupp	Jun. 09	1000	Jun. 14	BBB-	8

Abbildung 13: Ausgewählte Anleihe Neuemissionen II Quartal 09[49]

Es ist zu sehen, dass bspw. Energie Baden-Württemberg (EnBW) für seine im Juli 09 begebene Anleihe mit einer Laufzeit von 6 Jahren einen Kupon von 4,125% zahlt. ThyssenKrupp, ein Unternehmen, das im Prinzip zur Schlüsselindustrie Europas zählt und ebenfalls stark im Rüstungsgeschäft aktiv ist, zahlt für seine ebenfalls im Juni 09 begebene Anleihe 8%. Zum Vergleich: Die im Mai 2009 begebene Bundesanleihe läuft 10 Jahre und bietet dabei nur einen Kupon von 3,5%. Mitunter ist es schwer vorstellbar, dass eines dieser beiden Unternehmen Pleite gehen könnte, also die Anleihe nicht zurückbezahlt. Was wäre denn auch die Konsequenz? Etwa, dass sich Deutschland in die Versorgungsabhängigkeit begibt oder - im Falle von ThyssenKrupp - Europa seine U-Boot Technologie an ausländische Investoren weiterreicht? Sich dies klarzumachen, über den Tellerrand hinauszuschauen und entsprechend zu handeln, unterscheidet den strategischen Investor von den übrigen Marktteilnehmern, die sich von einem BBB- Rating (wie im Falle von ThyssenKrupp) in die Irre führen lassen.

Neben der Möglichkeit, in Schuldverschreibungen zu investieren oder das (Papier-) Geld zu horten, verspricht in der Deflationsphase noch eine dritte Investitionsmöglichkeit Werterhalt, nämlich die Anlage in physischem Gold. Diese Investitionsmöglichkeit wird in Abschnitt 3.3 diskutiert.

---

[49] Eigene Darstellung, Quelle: Die Investor Relations-Webseiten der betreffenden Unternehmen abgerufen am 04.08.09.

3.2   Chancen und Risiken im Inflationsszenario

Zunächst muss näher erläutert werden, was unter Inflation zu verstehen ist und welche Auswirkungen sie hat. Inflation ist das Gegenteil von Deflation und oftmals eine Reaktion auf dieselbige - was aber auch umgekehrt gilt. Dies liegt zum Beispiel daran, dass der Staat in einer Deflationsphase seine Schulden bzw. die Geldmenge zu Zwecken der Konjunkturbelebung erhöht und in dem dann folgenden Aufschwung die Geldmenge bzw. seine Schulden nicht schnell genug reduziert, also zum Beispiel die Zinsen nicht rechtzeitig anhebt. In der Inflationsphase steigen die Güterpreise an und die Erwartung weiter steigender Preise erhöht den Nachfragedruck. Die Umlauf-geschwindigkeit des Geldes nimmt zu. Ein Teufelskreis entsteht, der im Wesentlichen auf eben dieser aufwärtsgerichteten Preisspirale gründet. Wenn nun die Löhne ebenfalls steigen, was nachvollziehbar wäre, weil die Lebenshaltungskosten aufgrund der Preisentwicklung nicht bestritten werden können, dann entsteht die Gefahr einer Hyperinflation, was damit einhergeht, dass der Staat immer mehr Papiergeld druckt. Deutschland hat dies 1923 erlebt und es war der Moment, in dem Geld auf seinen tatsächlichen Wert zurückfiel. Dieser Wert tendiert gegen Null, sofern das Papiergeld nicht durch Gegenwerte (z.B. Gold) gedeckt ist. Stark vereinfacht bedeutet Inflation also, dass alles teurer wird und Geldwerte in dem Maße des Inflationsanstieges entwertet werden. In der Inflationsphase gewinnen also Sachwerte gegenüber Geldwerten.

Wie insbesondere in Abschnitt 2.5 dargelegt wurde, stellen die Regierungen und Notenbanken den Kapitalmärkten aktuell sehr viel Geld zur Verfügung. Die Summen liegen im Billionenbereich, können aber zum jetzigen Zeitpunkt nicht explizit dargestellt werden. Dies liegt daran, dass zwischen versproche-nen Hilfsmaßnahmen und tatsächlicher Hilfestellung eine große Lücke klafft, was unter anderem dem jeweiligen demokratischem System der betreffenden Länder geschuldet ist. Manche ausgerufene Versprechung hat schlicht noch nicht alle legislativen Hürden genommen, um letztlich in Taten umgesetzt werden zu können. Des Weiteren unterliegt die Verteilung dieser Mittel bürokratischen Prozessen, was deren tatsächliche Bereitstellung verzögert. Außerdem ist zu beachten, dass - wie im Falle Deutschlands - große Teile der Hilfsmaßnahmen lediglich auf Bürgschaften beruhen, Geld also noch gar nicht geflossen ist[50]. Erst wenn die Hilfsmaßnahmen tatsächlich in Geld umgewandelt worden sind und gleichzeitig die Banken wieder zur gewohnten Kreditvergabe zurückkehren, das Geldmengenwachstum - wie in Abb. 12 gezeigt - wieder das Niveau von Anfang 2008 erreicht, Unternehmen wieder nach Fachkräften suchen und die Güterproduktion steigt, erst dann könnte Inflation zurückkehren.

Langfristig gesehen erscheint zumindest in Amerika die Rückkehr der Inflation unausweichlich. Schon allein aufgrund der hohen Staatsverschuldung der USA, die diese nur durch Inflation und Abwertung des Dollars abbauen können und müssen[51], wird ein zukünftiges Inflationsszenario wohl zur Bedrohung für Geldvermögen werden. Da die Kapitalmärkte bekanntlich wirtschaftliche Entwicklungen vorwegnehmen, ist es für den strategischen Investor von entscheidender Bedeutung, sich rechtzeitig zu positionieren, denn eine alte Börsenweisheit lautet: „Es braucht nur wenige Gelegenheiten, um ein Vermögen aufzubauen, aber es genügt eine, um es zu vernichten". Es ist also von entscheidender Bedeutung, das richtige Timing für den Strategiewechsel zu erwischen. Mit dem Strategiewechsel ist gemeint, das Portfolio von einem Deflationsszenario auf ein Inflationsszenario umzustellen. Wenn also in der Inflation Realwerte gewinnen, stellt sich die Frage, welche „Werte" die derzeitige Krise überstehen bzw. als möglicher Gewinner aus ihr hervorgehen könnten. Sicherlich sind dies dieselben Sektoren, die schon im Deflationsszenario beschrieben wurden. Jedoch gilt es hier nun die Spreu vom Weizen zu trennen. Denn bei der Aktienanlage geht es im Gegensatz zur Anleiheninvestition insbesondere um die zukünftigen Gewinnerwartungen der entsprechenden Unternehmen und diese sind erfahrungsgemäß ungleich verteilt.

---

[50] Vgl. Pressemitteilung des SoFFin vom 10.7.09 abrufbar unter
http://www.soffin.de/presse_archiv.php?sub=5.
[51] "Inflation is a transfer of wealth from creditors to debtors – essentially from China to the US." Entnommen aus der FT ("Inflation is not the answer") vom 26.05.09.

Dies soll folgendes Beispiel an Hand des oben erwähnten Versorgungssektors zeigen[52]: Das Geschäft der Energieerzeuger ist verhältnismäßig konstant, Energienutzung gehört zu den Grundbedürfnissen der Menschen und ohne Energie gäbe es keine funktionierende Industrie. Deshalb ist anzunehmen, dass die Energieversorger immer einen konstanten Liquiditätszufluss haben, der es ihnen ermöglicht Schulden tilgen zu können. Dies ist die gute Nachricht für deren Gläubiger. Jedoch steht dieser Sektor vor einer gravierenden Neuerung, die sich aus dem Kyoto-Protokoll ergibt. Demnach wird ab 2013 der Emissionshandel freigegeben, das heißt, dass die Betreiber unsauberer Kraftwerke - wie z.B. Braunkohlekraftwerke - einen höheren Preis für ihren CO_2-Ausstoß zahlen müssen, was sich wiederum auf deren Gewinne auswirkt. Bekanntlich ist Stromerzeugung aus Kernenergie schon jetzt die effizienteste, weil preiswerteste und sauberste, Energieerzeugung. Mit dem hier erwähnten Faktor des Emissionshandels, dürften die Betreiber von Kernkraftwerken zu den zukünftigen Gewinnern innerhalb des Versorgungssektors zählen.

Wenn dies so ist, sollte bei der Aktieninvestition deshalb ganz genau darauf geachtet werden, welches Unternehmen die besten Zukunftsaussichten hat. Wenn die Deflationsphase sich dem Ende neigt, dann werden zu den erst-genannten Sektoren, weitere hinzukommen, die für den strategischen Investor interessant sein dürften. Im Prinzip sind dies Unternehmen, die die Grundbedürfnisse der Menschen abdecken, also bspw. Nahrungsmitteler-zeuger oder die Pharmaindustrie. Aber auch hier gilt es, die Besonderheiten der jeweiligen Märkte zu berücksichtigen. In der Pharmaindustrie dürften aufgrund des demographischen Wandels vor allem diejenigen Unternehmen gute Zukunftsaussichten haben, die Medikamente für Alterskrankheiten (z.B. Alzheimer) herstellen oder menschliche Prothesen (z.B. künstliche Hüften) produzieren. Bei den Nahrungsmittelherstellern können nur diejenigen profitieren, die den gesamten Wertschöpfungsprozess abdecken, weil sie ansonsten ebenfalls zum Opfer der Inflation würden, indem Sie

---

[52] Anmerkung: Wenngleich es den Rahmen dieser Bachelorarbeit sprengen würde detaillier-te Anlageentscheidungen einhergehend mit den entsprechenden Analysen darzustellen, soll dennoch versucht werden, mögliche Trends beziehungsweise grundsätzliche Anlage-möglichkeiten zu identifizieren, wie bereits in der Einleitung erwähnt wurde.

entsprechend hohe Preise an ihre Lieferanten zahlen müssten. Neben den Unternehmensbeteiligungen, in Form des Aktienkaufs, dürften aber auch Wohnimmobilien in der Inflationsphase gewinnen, zumindest war dies in der Vergangenheit so[53]. Dies gründet sicherlich auch darauf, dass das „Dach über dem Kopf" ebenfalls zu den Grundbedürfnissen des Menschen gehört. Aber auch die Immobilieninvestition beinhaltet viele Risiken, die der Besonderheit des Immobilienmarktes geschuldet sind, auf deren näheren Eingang in dieser Arbeit aber verzichtet werden muss. Schiffs- oder Containerbeteiligungen stellen weitere Sachwerte dar, die in der Inflation vor einem Comeback   stehen könnten. Momentan hat diese Branche mit erheblichen Problemen zu kämpfen[54], was dem bereits in Abschnitt 2.2 beschrieben Rückgang des Wirtschaftswachstums, geschuldet ist. Daraus folgt, dass diese Beteiligungen massiv im Preis gefallen sind und wohl auch noch weiter fallen werden[55], was sich später einmal als günstige Einstiegsgelegenheit erweisen könnte. Wie bereits beschrieben, ist eine Inflation ohne Wirtschaftsaufschwung nur schwer vorstellbar[56], wenn also die Weltwirtschaft wieder an Fahrt gewinnt, dann dürften auch wieder Schiffe und Container die Flaute hinter sich lassen und vom neuen Aufwind profitieren.

Nachdem nun die beiden wesentlichsten Szenarien der Vermögens-vernichtung, nämlich Sachvermögenvernichtung durch Deflation und Geldvermögenvernichtung durch Inflation, erläutert wurden, wird im folgenden Abschnitt auf die Goldanlage als universeller Vermögensschutz eingegangen.

---

[53] Vgl. Wirtschaftswoche Nr. 6, 2009, S. 92.
[54] Vgl. http://derstandard.at/fs/1246544080219/Buergschaft-gesucht-Hapag-Lloyd-bittet-den-Staat abgerufen am 9.8.09.
[55] Vgl. http://www.manager-magazin.de/geld/geldanlage/0,2828,druck-636738,00.html abge-rufen am 9.8.09.
[56] Anmerkung: Eine Inflation ohne Erhöhung der Güterproduktion kann im Prinzip nur durch den Staat also durch die Erhöhung der indirekten Steuern entfacht werden.

3.3 Chancen und Risiken der Goldanlage

Nachdem in den vorangegangenen Abschnitten das Deflations-, bzw. Inflationsszenario dargestellt wurde, bleibt natürlich die Frage, ob es nicht eine Investitionsmöglichkeit gibt, die unabhängig von Deflation und Inflation wertbeständig bleibt. Die Antwort auf diese Frage ist die Anlage in Gold. Nach einer in der Wirtschaftswoche vom 3.2.09 veröffentlichten Untersuchung[57] hat sich Gold in den letzten 2 Jahrhunderten, innerhalb derer die Wirtschaft sowohl von Phasen der Deflation, als auch von Inflation betroffen war, gegenüber allen anderen Anlageklassen behauptet.

Auch der ehemalige Notenbankchef der FED, Alan Greenspan, hat sich in seinem 1966 veröffentlichten Artikel „The Objectivist" über die Rolle des Goldes in Bezug zum Vermögenserhalt wie folgt geäußert: „(...) Ohne Goldstandard gibt es keine Möglichkeit, Ersparnisse vor der Enteignung durch Inflation zu schützen. Es gibt dann kein sicheres Wertaufbewahrungsmittel mehr. Wenn es das gäbe, müsse die Regierung seinen Besitz für illegal erklären, wie es ja im Falle von Gold auch gemacht wurde. Wenn z. B. jedermann sich entscheiden würde, all seine Bankguthaben in Silber, Kupfer oder ein anderes Gut zu tauschen und sich danach weigern würde, Schecks als Zahlung für Güter zu akzeptieren, würden Bankguthaben ihre Kaufkraft verlieren und Regierungsschulden würden kein Anspruch auf Güter mehr darstellen. Die Finanzpolitik des Wohlfahrtsstaates macht es erforderlich, dass es für Vermögensbesitzer keine Möglichkeit gibt, sich zu schützen. Dies ist das schäbige Geheimnis, dass hinter der Verteufelung des Goldes durch die Vertreter des Wohlfahrtsstaates steht. Staatsverschuldung ist einfach ein Mechanismus für die „versteckte" Enteignung von Vermögen. Gold verhindert diesen heimtückischen Prozess. Es beschützt Eigentumsrechte(...)"[58].

Darüber hinaus hat Gold den Vorteil, dass es überall auf der Welt seit mehr als 2000 Jahren als Zahlungsmittel akzeptiert wird.

---

[57] Vgl. Wirtschaftswoche Heft Nr. 6, 2009, S. 88ff..

[58] Deutsche Übersetzung verfügbar unter http://www.gold-eagle.com/analysis/0003.html abgerufen am 7.08.09.

Es stellt also die inoffizielle Weltwährung dar und wird wahrscheinlich immer eine gewisse Kaufkraft widerspiegeln. Joachim Paul Schäfer, Partner der PSM Vermögensverwaltung, äußert sich zur Kaufkraft des Goldes in einem Interview mit der F.A.Z. vom 4.7.09 wie folgt: „Im Alten Rom konnte man sich mit einer Unze Gold eine Tunika kaufen. 1924 kostete ein Maßanzug eine Unze Gold, und heute bekommen Sie für eine Unze Gold immer noch einen Maßanzug."[59] Gold hat also seine Kaufkraft bewahren können.

Staatswährungen, wie der Euro oder der Dollar, haben hingegen nur solange eine Kaufkraft, wie das allgemeine Grundvertrauen in diese Währungen existiert. Mithin ist Staatsgeld nichts anderes als eine Illusion, die nur solange aufrechterhalten werden kann, wie alle daran glauben. Im Extremfall ist es nur ein bedrucktes Blatt Papier. Die momentan älteste Währung ist der US $. Er existiert in Papierform seit 1862, dient also in dieser Form seit ca. 150 Jahren als Zahlungsmittel und hat aufgrund der Inflation permanent an Kaufkraft verloren. Um die Kaufkraft eines US Dollars zur Gründungzeit der FED im Jahre 1913 zu erreichen, benötigt man demnach im Jahre 2009 insgesamt 21,79 US $[60].

Darüber hinaus wird der Dollar, wie jedes andere Staatsgeld, kontinuierlich durch die politische Elite manipuliert, indem die Geldmenge permanent ausgeweitet wird. In diesem Zusammenhang sei auch darauf hingewiesen, dass die FED die Geldmenge M3 seit dem 23.03.06 nicht mehr veröffentlicht. Dies kann durchaus als Indiz dafür gewertet werden, dass versucht wird, die tatsächliche Lage des US-Finanzsystems zu verschleiern. Vor allem die Begründung der FED, die Datensammlung zur statistischen Ermittlung von M3 stünde nicht im Verhältnis zum Interpretationsnutzen, dürfte jeden aufmerksamen Ökonomen irritiert haben[61]. In der Konsequenz würde dies ja bedeuten, dass bspw. das viel kleinere Deutschland, dessen Bundesbank nach wie vor M3 ermittelt und veröffentlicht, entweder den ökonomischen Nutzen dieser Kennzahl überschätzt oder es sich schlichtweg - im Gegensatz

[59] „Werterhalt ist das Gebot der Stunde" verfügbar unter http://www.faz.net.
[60] Nachgerechnet auf der Website des BLS unter http://data.bls.gov/cgi-bin/cpicalc.pl am 10.08.09.
[61] Vgl. Federal Reserve Statistical Release vom 10.11.2005 verfügbar unter http://www.bea.gov.

zur wichtigsten Volkswirtschaft der Welt - leisten kann, die entsprechenden Daten zu sammeln.

Im Vergleich zur Geldmenge ist die Goldmenge weniger manipulierbar; wenn überhaupt wäre dessen Manipulation auch eher zu Gunsten der Goldeigner. Eine Goldmengenmanipulation wäre insofern denkbar, als dass Staaten ihre vorgehaltenen Goldreserven zu hoch ausweisen bzw. in der Vergangenheit zu hoch ausgewiesen haben. Dies würde dann aber den Wert des Goldes erhöhen, während die Geldmengenmanipulation in Form einer Geldmengenausweitung den Geldwert verringert. Gold ist also wertbeständiger als Staatsgeld, auch weil sich die Goldmenge nicht nach Belieben ausweiten lässt. Eine stärkere Goldnachfrage sollte also zu Goldpreissteigerungen führen. Wie in Abschnitt 2.3 erläutert wurde, befindet sich die Welt eher am Beginn einer großen Krise. Wenn dem so ist, dann ist es wahrscheinlich, dass die Goldnachfrage weiter steigt, weil Gold dann zu einer Art „Krisenwährung" aufsteigen würde. Das Risiko bei der Goldinvestition steckt allerdings darin, dass es keine regelmäßigen Erträge abwirft und der Papiergeldgegenwert sinken kann, was gerade innerhalb der Deflationsphase nicht unwahrscheinlich ist. Allerdings sollte gerade derjenige, der strategisch investiert, sich nicht vom scheinbaren Geldverlust bei Gold beeinflussen lassen. Wenn nämlich der Werterhalt des Vermögens das Ziel ist, dann sollte der Goldinhaber den Wert seines Goldes besser in Kaufkraft umrechnen, sich also bspw., anschauen, wie viel Barrel Öl er für sein Gold bekommen würde, oder wie oben zitiert, in Maßanzügen rechnen. Dies ist unter den hier beschriebenen Prämissen sinnvoller, als den Goldwert in Papiergeld zu bemessen.

3.4 Alternative Investitionsideen

Angesichts der aktuellen Wirtschaftskrise suchen Investoren neue Invest-
mentideen, weil sie teilweise das Vertrauen in die westlichen Industrieländer,
insbesondere in das westliche Finanzsystem, verloren haben. Dabei wird in
den Medien oftmals der Einstieg in die Emerging Markets, allen voran China,
als Ausweg angepriesen. Dies wird zum Anlass genommen, dieses Thema
im folgenden Abschnitt zu diskutieren. Abgerundet wird das Kapitel 3 dann
mit einer eher neuen Investitionsstrategie, die es dem Vermögensinhaber
ermöglichen soll, möglichst unabhängig vom Marktgeschehen zu investieren.

3.4.1 Die Emerging Markets

Aufgrund der niedrigeren Wachstumsraten und der unvorteilhaften
demografischen Entwicklung der westlichen Industriestaaten, könnte der
strategische Investor geneigt sein, in Asien, insbesondere China, oder anderen aufstrebenden Staaten zu investieren. Immerhin leben dort viel mehr
Menschen als „im Westen" und darüber hinaus sind diese auch noch
bedeutend jünger, was außerordentliches Wirtschaftswachstum verspricht.

Hierzu äußert sich Paul Krugman in seinem jüngst erschienen Buch „Die
neue Weltwirtschaftskrise". Im Wesentlichen stellt er heraus, dass die Gefahr
dieser Länder darin besteht, von westlichen Investoren abhängig zu sein. Bei
den geringsten Anzeichen einer Krise können solche Länder zum Opfer
werden, weil die Investoren aufgrund negativer Erfahrungen in der
Vergangenheit Vorurteile hegen, die wegen der marktpsychologischen
Effekte „zu wirtschaftlichen Fundamentaldaten werden"[62]. Dies scheint sich
auch in der jetzigen Krise zu bewahrheiten. Im Handelsblatt vom 21.7.09 war
zu lesen, „(...)Das Institute of International Finance, eine Dachorganisation
internationaler Großbanken, sagt voraus, dass der Kapitalstrom in diesem
Jahr auf 141 Mrd. Dollar sinken werde. Das wäre weniger als die Hälfte des

---

[62] Vgl. Krugman, 2009, S. 132.

Vorjahres und nur noch ein Bruchteil jener 888 Mrd. Dollar, die noch 2007 in die Emerging Markets geflossen sind(...)"[63].

Die Ursache des Kapitalabflusses liegt zum einen in der Repatriierung des Dollars und zum anderen in den protektionistischen Maßnahmen vieler westlicher Regierungen, was sich sehr zum Nachteil der exportorientierten Emerging Markets Länder auswirkt; insbesondere auf deren Währungen und Wirtschaftswachstum[64]. Wie im Handelsblatt vom 11.08.09 zu lesen war, hat bspw. Russland bereits den größten Teil seiner Devisenreserven für Stützungskäufe der eigenen Währung aufgebraucht und konnte dennoch einen Absturz des Rubels um mehr als 25% seit 2007 nicht verhindern[65]. Beim jüngsten NAFTA Gipfel im August hat sich Mexiko über die protektionistischen Maßnahmen der USA beschwert[66] und auch Europa steht sowohl mit den USA, als auch mit China in Verhandlungen zur Abschaffung der „Buy American"- bzw. „Buy China"-Klauseln in deren Konjunkturpaketen[67].

Die Konsequenzen aus der Repatriierung des Geldes und dem Protektionismus könnten einen De-Globalisierungseffekt auslösen. Es besteht also durchaus das Risiko, dass die Emerging Markets vorerst zu den Verlierern dieser Krise gehören und insofern ein sehr hohes Risiko für den konservativ agierenden Investor darstellen.

Ohnehin muss daraufhin gewiesen werden, dass in den meisten Emerging Markets Ländern keine etablierten demokratischen Strukturen vorherrschen, wie man sie in Europa oder Amerika vorfindet. Dies birgt die Gefahr von politischen Umwälzungen und erzeugt Unsicherheit. Unbeständige politische Strukturen erschweren die Planbarkeit von Investitionen und sind Gift für das Gedeihen eines funktionierenden Kapitalmarktes. Mithin sollten diese Risiken den - zweifelsohne großen - Chancen gegenübergestellt werden, bevor eine Investition in derartigen Regionen vorgenommen wird.

---

[63] Vgl. http://www.handelsblatt.com/politik/nachrichten/auf-finanzkrise-folgt-noch-groesseres-desaster;2435007;0, abgerufen am 21.07.09.

[64] Vgl. http://boerse.ard.de/content.jsp?key=dokument_325408, abgerufen am 10.08.09.

[65] Vgl. Handelsblatt vom 11.08.09, S.11 „ Der Absturz eines Boom-Landes".

[66] Vgl. http://www.handelsblatt.com/politik/international/handelskonflikte-ueberschatten-nordamerika-gipfel;2443166, abgerufen am 11.08.09.

[67] Vgl. http://www.spiegel.de/wirtschaft/0,1518,631087,00.html, abgerufen am 11.08.09.

3.4.2 Marktunabhängige Anlagestrategie

Eine weitere interessante Strategie für die Vermögensanlage besteht im Kauf von so genannten „Abfindungskandidaten". Damit sind Unternehmen gemeint, die sich bereits zu mindestens 95% in der Hand eines Großaktionärs befinden. Dieser verfügt aufgrund seiner Mehrheitsbeteiligung über die Möglichkeit, die restlichen Aktionäre - auch Minderheitsaktionäre genannt - per Zwangsabfindung zu enteignen. Dieses Verfahren wird „Squeeze Out" genannt und ist im §327ff. des Aktiengesetzes (AktG) geregelt. Sobald der „Squeeze Out" im Handelsregister eingetragen wird, werden die Aktien per Delisting vom Markt genommen und der Investor bekommt die Zwangsabfindung in bar ausbezahlt. Das Risiko für den Investor besteht also bis zu diesem Zeitpunkt in dem Unterschiedsbetrag zwischen seinem Kaufpreis und dem Abfindungspreis.

Nach dem Delisting kommt nun eine zweite Phase, in der gerichtlich die Angemessenheit der Barabfindung per Gutachten überprüft wird. Dieser Prozess heißt Spruchstellverfahren. Von hier an steht dem Investor nur noch eine risikofreie Chance gegenüber, denn er hat sein Geld bereits zurückerhalten und kann nun auf eine gerichtlich angeordnete Nachbesserung der Zwangsabfindung setzen.

Mithin ist zum Zeitpunkt des Verfassens dieser Bachelorarbeit kein Spruchstellverfahren bekannt, in dem eine Zwangsabfindung nicht nachgebessert werden musste. Wenn das Gericht einen Nachbesserungsanspruch feststellt, dann muss dieser rückwirkend mit 2% über dem Basiszins vom Großaktionär verzinst werden. Stichtag ist hier die Eintragung des Squeeze-Out-Beschlusses ins Handelsregister[68].

---

[68] Anmerkung: Die genaue Darstellung des Prozesses von Zwangsabfindung bis hin zum gerichtlich festgestellten Nachbesserungsanspruch kann hier unter keinen Umständen im Detail mit Beweisführung der entsprechenden gesetzlichen Grundlagen vom Autor dieser Bachelorarbeit erwartet werden. Jedoch soll an dieser Stelle auf einen Artikel im Focus hingewiesen werden dürfen, http://www.focus.de/finanzen/steuern/squeeze-out-geschlossene-gesellschaft_aid_245228.html, der vom Autor am 11.08.09 abgerufen wurde und als Grundlage für das Verfassen des Abschnittes 3.4.1 diente.

Gerade in turbulenten Zeiten wie diesen ergeben sich dadurch außerordentliche Chancen. Es gibt sehr viele Unternehmen, die von einem „Squeeze Out" betroffen sind[69] und sogar unterhalb des Abfindungspreises notieren. Für den strategischen Investor, der sich nicht sicher ist, ob er seine Portfoliostrategie einem Deflations- oder Inflationsszenario anpassen soll, scheint die Abfindungskandidatenstrategie eine elegante Lösung zu sein. Denn bis zur Eintragung im Handelsregister ist er im Besitz eines abgesicherten Realwertes und anschließend verfügt er über einen risikofreien Nachbesserungsanspruch, der der Kuponzahlung einer Anleihe ähnelt.

---

[69] Eine Auflistung über anhängige Spruchstellverfahren oder geplante „Squeeze Outs" wird von der Verbraucherzentrale der Kapitalanleger geführt, abrufbar unter http://www.vzfk.de.

4 Zusammenfassung

Im ersten Teil dieser Arbeit wurde dargestellt, wie sich die Subprimekrise zunächst zur Finanz- und dann zur Weltwirtschaftskrise ausgeweitet hat. Dazu war es nötig, auf die Ursachen der Krise einzugehen, um einen realistischen Status Quo der Krise darstellen zu können, also die Entwicklung der Finanzkrise richtig zu beschreiben. Dabei wurde herausgearbeitet, dass die Krise im Wesentlichen auf einen Vertrauensverlust aller Marktteilnehmer untereinander gründet. Besonders beachtenswert ist dabei, dass sich selbst die Banken nicht mehr vertraut haben (siehe Abb. 4) und dieses Vertrauen nur künstlich durch Staatsgarantien wieder ein Stück weit hergestellt wurde. Dabei wurde ein Schwerpunkt auf das Eigenkapitalproblem des Finanzsektors gelegt, um dem Investor zu verdeutlichen, dass die Krise wahrscheinlich erst am Anfang steht. Es wurde ein Hilfsmittel gegeben, wie der Investor in Zukunft erkennen kann, wann sich die Krise dem Ende nähern könnte. Nach den Erkenntnissen dieser Arbeit kann dies frühestens dann sein, wenn die Banken vernünftig rekapitalisiert worden sind, was nach derzeitigem Stand nicht ohne weitere Staatsbeteiligungen funktionieren dürfte. Mithin sind die Auswirkungen auf mikroökonomischer Ebene gravierend, weil Unternehmen mit restriktiverer Kreditvergabe seitens der Banken zu kämpfen haben.

Im zweiten Teil der Arbeit wurde erklärt, inwieweit „des einen Leid des anderen Freud" bedeutet. Schließlich zwingt diese Situation Unternehmen dazu, sich direkt am Kapitalmarkt zu verschulden, wofür teilweise überdurchschnittlich hohe Kupons seitens der Schuldner angeboten werden. Diese Situation stellt eine außerordentliche Chance für strategische Investoren dar, insbesondere dann, wenn der Investor innerhalb eines Deflationsszenario auf der Suche nach attraktiven Geldwerten ist. Darüber hinaus wurde in Abschnitt 3.1 auch erklärt, warum derzeitig Deflation und nicht Inflation die Gefahr für Vermögen darstellt. Aus der Konsequenz der Szenarienanalyse wurde anschließend die Goldanlage - hier physisches Gold - diskutiert. Gold wurde als geeignete Krisenwährung dargestellt, die der strategische Investor in Betracht ziehen sollte. Der zweite Teil schließt mit einer kurzen Stellungnahme zu den Emerging Markets, die als Verlierer dieser Krise enden könnten und stellt abschließend eine marktneutrale Anlagestrategie vor, deren Grundlage im Wesentlichen die deutsche Gesetzgebung ist. Diese Anlagestrategie bezieht sich auf den Kauf von „Squeeze Out" Kandidaten, die bei Eintragung ins Handelsregister nur noch Chancen auf einen Nachbesserungsanspruch, jedoch keinerlei Risiko mehr für den Investor bieten.

5   Schlussbemerkung und Perspektive

Der erste Teil dieser Arbeit beinhaltet die Geschehnisse bis zum 22.07.09, im zweiten Teil konnten die Ereignisse bis zum 07.08.09 verarbeitet werden. Kurz vor Druck dieser Arbeit, titelt bspw. das Handelsblatt am 14.08.09, dass die Rezession vorüber sei, und das „eine Trendwende" in Sicht ist. Darüber hinaus haben viele US–Finanzinstitute bereits ihre staatlichen Hilfen zurückbezahlt und auch die Deutsche Bank meint ihrem Eigenkapitalrenditeziel von 25% wieder in greifbarer Nähe zu sein. Man könnte also geneigt sein zu meinen, dass der Autor dieser Bachelorarbeit die Dinge allzu pessimistisch sieht, gar sogar falsch interpretiert habe, schließlich konnten auch nahezu alle wichtigen Börsenindizies zweistellig zulegen (per 15.08.09 – gemessen seit 01.01.09). Dazu möchte der Autor folgende persönliche Einschätzung abgeben: Die Aufwärtsbewegung an den Börsen wird sich als klassische Bärenmarktralley herausstellen, neue Tiefststände in den Indizies Dow Jones, S&P 500, Dax und Euro Stoxx werden in den nächsten 10 Monaten durchschritten werden. Die Gewinne der Finanzinstitute spiegeln die dramatische Lage wieder und sind nicht der Beginn einer positiven Trendwende. Die Gewinne resultieren im Wesentlichen aus dem Anleiheemissionsgeschäft, was zeigt, wie schlecht es um die Banken steht, einerseits weil sie selbst die Kredite nicht bewilligen können, andererseits weil ein Aufweichen der Bilanzregeln stattgefunden hat. Die Gefahren der nächsten Monate sind ein massiver Anstieg der Arbeitslosigkeit und damit verbunden Kreditausfälle privater Schuldner und anschließend größerer Unternehmen. Optimisten verkennen, nach Meinung des Autors, die tatsächlichen Gefahren. Japan leidet immerhin seit mehr als 18 Jahren an einem deflationären Wirtschaftsabschwung. Welche realistische Chance hat Europa ähnlichen Problemen zu entgehen?

QUELLENVERZEICHNIS

LITERATURQUELLEN:

Braunberger, G. / Fehr, B.: Crash - Finanzkrisen gestern und heute, F.A.Z. Institut für Management-, Markt- und Medieninformationen, Frankfurt a.m. 2008.

Krugman, P.: Die neue Weltwirtschaftskrise, Campus Verlag, Frankfurt a.m. 2009.

Münchau, W.: Kernschmelze im Finanzsystem, Carl Hanser Verlag, München 2008.

Otte, M.: Der Crash kommt, 16. Auflage, Econ Verlag, Berlin 2009.

Sinn, H.-W.: Kasino-Kapitalismus, Econ Verlag, Berlin 2009.

Sommer, R.: Die Subprime-Krise - Wie einige faule US-Kredite das internationale Finanzsystem erschüttern, Heise Zeitschriften Verlag, Hannover 2008.

INTERNETQUELLEN:

Berkshire Hathaway:
http://www.berkshirehathaway.com/letters/2002pdf.pdf

Bundesbank:
http://www.bundesbank.de/statistik/statistik_zeitreihen.php?open=ewu&func=row&tr=AZ4949&showGraph=1

- 41 -

Bundesfinanzministerium:

http://www.bundesfinanzministerium.de/nn_17844/DE/BMF__Startseite/Aktu
elles/Monatsbericht__des__BMF/2009/02/uebersichten-und-termine/ut4-
konjunkturentwicklung/node.html?__nnn=true
http://www.bundesfinanzministerium.de/nn_54/DE/Wirtschaft__und__Verwalt
ung/Finanz__und__Wirtschaftspolitik/030709__Badbanks.html?__nnn=true

Bundesregierung:

http://www.bundesregierung.de/nn_774/Content/DE/Artikel/2009/04/2009-04-
30-Kurzarbeitergeld-verbessert.html

Bundesverband der deutschen Industrie:

http://www.bdi.eu/2097_4817.htm

Buereau of Labor Statistics:

http://data.bls.gov/cgi-bin/cpicalc.pl

Commerzbank:

https://www.commerzbank.de/de/hauptnavigation/aktionaere/zahlen_fakten/e
_b_kap.html

Deutsche Bank:

http://www.deutsche-bank.de/ir/de/download/Zwischenbericht_1Q2009.pdf
http://www.deutsche-
bank.de/presse/de/content/presse_informationen_2008_4154.htm?month=3

Europäische Zentral Bank:

http://sdw.ecb.europa.eu/home.do?chart=t1.2
http://www.ecb.int/press/pr/date/2009/html/pr090604_1.en.html

Federal Reserve Department:

http://www.federalreserve.gov/newsevents/speech/mishkin20080229a.htm

Industrie Kredit Bank:

http://www.ikb.de/content/de/ir/news/ad-hoc-mitteilungen/index.jsp

Internationaler Währungsfonds:

http://www.imf.org/external/pubs/ft/weo/2009/update/02/pdf/0709.pdf

http://www.imf.org/external/pubs/ft/weo/2009/01/pdf/text.pdf

Securities Industry and Financial Markets Association:

http://www.weissgarnix.de/2008/05/23/gewinne-machen-schon-aber-womit/

Standard & Poors:

http://www2.standardandpoors.com/spf/pdf/index/CSHomePrice_Release_06
3055.pdf

The Office of the Comptroller of the Currency:

http://www.occ.treas.gov/ftp/release/2009-72a.pdf

Weitere Webseiten:

http://www.leitzinsen.info/

http://www.finanz-aktuell.com

http://acemaxx-analytics-dispinar.blogspot.com/2009/03/risikoaufschlage-am-
geldmarkt.html

http://derstandard.at/fs/1246544080219/Buergschaft-gesucht-Hapag-Lloyd-
bittet-den-Staat

http://www.manager-magazin.de/geld/geldanlage/0,2828,druck-
636738,00.html

http://goldprice.org/bob/uploaded_images/dollar_USD_Purchasing_Power-
753629.gif

http://europa.eu/rapid/pressReleasesAction.do?reference=IP/08/1636&forma
t=HTML&aged=0&language=DE&guiLanguage=en

http://boerse.ard.de/content.jsp?key=dokument_325408

STUDIEN:

„Leveraged Losses: Lessons from the Mortgage Market Meltdown",
von David Greenlaw (Morgan Stanley), Jan Hatzius (Goldman Sachs), Anil K
Kashyap (University of Chicago, National Bureau of Economic Research and
Federal Reserve Bank of Chicago) und Hyun Song Shin (Princeton). Veröffentlicht am 29. Februar 2008

"World economic outlook – Crisis and Recovery" – Internationaler Währungsfonds, veröffentlicht im April 2009.

ZEITUNGEN:

Die Welt:
http://www.welt.de/wirtschaft/article4145289/Jedes-vierte-Unternehmen-will-
Stellen-streichen.html

Die Zeit:
http://www.zeit.de/online/2009/26/us-banken-staatshilfen-rueckgabe

Financial Times Deutschland:
http://www.ftd.de/unternehmen/finanzdienstleister/:Beweis-durch-
Bundesbankdaten-Banken-vertuschen-Kreditklemme/541227.html

Frankfurter Allgemeine Zeitung:
http://www.faz.net/s/Rub4D8A76D29ABA43699D9E59C0413A582C/Doc~E3
325B76E73B448D5A46B52195E8CEFDA~ATpl~Ecommon~Scontent.html

Handelsblatt:
http://www.handelsblatt.com/_b=2275388,_p=0,_t=spclips,img=2325084,l=1,
pic_height=581,pic_width=1109;showpic
Ausgabe vom 11.08.09 „Der Absturz eines Boom-Landes" S. 11
http://www.handelsblatt.com/politik/international/handelskonflikte-
ueberschatten-nordamerika-gipfel;2443166

Süddeutsche Zeitung:

http://www.sueddeutsche.de/wirtschaft/736/449465/text/

ZEITSCHRIFTEN:

Bild am Sonntag vom 19.10.2008

Der Spiegel

http://www.spiegel.de/wirtschaft/0,1518,631087,00.html

Focus vom 08.10.2008

http://www.focus.de/finanzen/steuern/squeeze-out-geschlossene-gesellschaft_aid_245228.html

Wirtschaftswoche Heft Nr. 6 aus 2009